BEI GRIN MACHT SICH IHR WISSEN BEZAHLT

- Wir veröffentlichen Ihre Hausarbeit, Bachelor- und Masterarbeit

- Ihr eigenes eBook und Buch - weltweit in allen wichtigen Shops

- Verdienen Sie an jedem Verkauf

Jetzt bei www.GRIN.com hochladen und kostenlos publizieren

Bibliografische Information der Deutschen Nationalbibliothek:

Die Deutsche Bibliothek verzeichnet diese Publikation in der Deutschen National-
bibliografie; detaillierte bibliografische Daten sind im Internet über http://dnb.d-
nb.de/ abrufbar.

Dieses Werk sowie alle darin enthaltenen einzelnen Beiträge und Abbildungen
sind urheberrechtlich geschützt. Jede Verwertung, die nicht ausdrücklich vom
Urheberrechtsschutz zugelassen ist, bedarf der vorherigen Zustimmung des Verla-
ges. Das gilt insbesondere für Vervielfältigungen, Bearbeitungen, Übersetzungen,
Mikroverfilmungen, Auswertungen durch Datenbanken und für die Einspeicherung
und Verarbeitung in elektronische Systeme. Alle Rechte, auch die des auszugsweisen
Nachdrucks, der fotomechanischen Wiedergabe (einschließlich Mikrokopie) sowie
der Auswertung durch Datenbanken oder ähnliche Einrichtungen, vorbehalten.

Impressum:

Copyright © 2014 GRIN Verlag, Open Publishing GmbH
Druck und Bindung: Books on Demand GmbH, Norderstedt Germany
ISBN: 978-3-668-16524-3

Matthias Riehl

(Inter-)kulturelle Aspekte des IT-Offshoring. Problemfelder und Handlungsempfehlungen am Beispiel der Zusammenarbeit mit asiatischen Kulturen

GRIN Verlag

GRIN - Your knowledge has value

Der GRIN Verlag publiziert seit 1998 wissenschaftliche Arbeiten von Studenten, Hochschullehrern und anderen Akademikern als eBook und gedrucktes Buch. Die Verlagswebsite www.grin.com ist die ideale Plattform zur Veröffentlichung von Hausarbeiten, Abschlussarbeiten, wissenschaftlichen Aufsätzen, Dissertationen und Fachbüchern.

Besuchen Sie uns im Internet:

http://www.grin.com/

http://www.facebook.com/grincom

http://www.twitter.com/grin_com

FOM Hochschule für Ökonomie & Management Essen
Standort München

Berufsbegleitender Studiengang zum
M. Sc. IT-Management

2. Semester

Hausarbeit in Interdisziplinäre Aspekte der
Wirtschaftsinformatik

(Inter)-Kulturelle Aspekte des IT-Offshoring

Autor: Matthias Riehl
Abgabedatum: 22.07.2014

Inhaltsverzeichnis

I. Abbildungsverzeichnis

II. Tabellenverzeichnis

1. Einleitung

Auch wenn momentan andere Verlagerungsansätze wie Cloud Computing mehr Medienpräsenz und höheres Wachstum verzeichnen, der Anteil an Cloud Computing Lösungen beim Outsourcing hat sich seit 2010 von etwa 9% auf 27% im Jahr 2012 alleine verdreifacht[1], so stellt Offshoring nach wie vor eines der wichtigsten Instrumente dar, um den ständigen Kostendruck der auf der IT leistet gerecht zu werden, dies kann primär durch die im Vergleich zu Industrienationen günstigen Lohnkosten in Offshoring Lokationen erreicht werden.

Nach Koboyashi-Hillary, Robinson und Kalakota empfiehlt eine Betrachtung möglicher Zielländer hinsichtlich der Eignung als Offshoring Standort anhand eines Katalogs von acht Attraktivitätskriterien, der sich wie folgt gliedert:[2, 3]

	Kategorie	Kriterien
Personenbezogene Attraktivität	Arbeit	Arbeitskräftepool, Lohnniveau
	Sprache	Englisch- und Deutschkenntnisse
	Bildung	Qualität des Bildungssystems
	Kultur	Kulturunterschiede
Standortbezogene Attraktivität	Infrastruktur	Flughäfen, Straßen- und Schienennetz, Elektrizität, Telekommunikation
	Politische und wirtschaftliche Stabilität	Regierung, Krieg, Streik, Terrorismus
	Rechtliche Rahmenbedingungen	Copyright, Intellectual Property (IP)
	Geographische Lage	Räumliche Entfernung, Zeitunterschied

Quelle: Amberg, M., Wiener, M. (2006): S. 118.

TABELLE 1: Attraktivitätskriterien Offshoring

Augenscheinlich handelt es sich bei den kulturellen Aspekten nur um eines von acht Kriterien die zur Standortwahl herangezogen werden. Jedoch geht man davon aus das im Extremfall bis zu 27% der versteckten Kosten eines IT-Offshoring Projekts auf

---

[1] Vgl. Hackmann, J. (2013), o.S..
[2] Vgl. Kobayashi-Hillary, M. (2004), S. 137ff.
[3] Vgl. Robinson, M., Kalakota, R. (2004), S. 274.

(inter)-kulturelle Probleme zurückzuführen sind.[4] Gerade auch im Hinblick darauf, dass Kosteneinsparung laut einer Untersuchung der Hauptgrund für das Offshoring ist, sollte dem Kriterium die gebührende Aufmerksamkeit gewidmet werden.[5]

Ziel dieser Arbeit ist es die (inter)-kulturellen Aspekte als ein Einflusskriterium auf IT-Offshoring Tätigkeiten zu skizieren und mögliche Herangehensweisen an die Thematik vorzustellen. Aufgrund des begrenzten Umfangs der Hausarbeit kann dabei lediglich ein erster Einblick gewährt werden, der als Heranführung an dieses komplexe interdisziplinäre Themenfeld zu sehen ist.

Im ersten Schritt werden dazu wichtige Grundbegriffe erklärt, im zweiten Schritt werden Modelle zur Bewertung von kulturellen Unterschieden vorgestellt. Im Anschluss wird Anhand einer Untersuchung von Hammes, Schuhmann et al. zum Thema (inter)-kulturelle Problemfelder beim Offshoring beispielhaft aufgezeigt, wie sich (inter)-kulturelle Aspekte auf die Zusammenarbeit auswirken können. Dabei wird das Praxisbeispiel der Theorie in Form der vorgestellten Kultur Modellen gegenübergestellt. Abgeschlossen wird mit beispielhaften Empfehlungen hinsichtlich des Umgangs mit (inter)-kulturellen Aspekten und den daraus erwachsenden Herausforderungen.

---

[4] Vgl. Overby, S. (2003), o.S..
[5] Vgl. Garner, C. A. (2004), S. 12.

2. Theoretischer Hintergrund

2.1. Abgrenzung Offshoring und Outsourcing

Der Begriff Offshoring ist nicht eindeutig definiert. Der kleinste gemeinsame Nenner dabei ist die geographische Verlagerung von Tätigkeiten in andere Länder.[6] Es muss sich dabei nicht zwingenderweise um ein vom Ursprungsland weit entferntes Land handeln. Dieser Distanzunterschied wird durch die Unterscheidung in Far- und Nearshoring ausgedrückt,[7] wobei jedoch in der Literatur eine Tendenz zu erkennen ist Offshoring eher mit Farshoring gleichzusetzen, wobei die Grenze zumeist kontinental gezogen wird.[8]

Abgegrenzt muss Offshoring in seinen unterschiedlichen Ausprägungen vom Outsourcing das Lei und Hitt als „die Abhängigkeit von externen Ressourcen für die Herstellung von Komponenten oder anderen Wertschöpfenden Aktivitäten"[9] definieren.

In der Praxis wird Offshoring häufig mit Outsourcing Hand in Hand gehen, was als Offshore Outsourcing bezeichnet wird. Ebenso ist es aber denkbar die Leistungen im eigenen Land an einen externen Dienstleister zu vergeben also nur Outsourcing zu betreiben.

2.2. Interkulturalität

Eine eindeutige Definition des Begriffs Interkulturalität existiert nicht. In der Literatur lassen sich zahllose Auslegungen des Begriffs finden die aus den unterschiedlichsten Wissenschaftsgebieten stammen.

Zwei im Kontext dieser Hausarbeit passende Definitionen stellen die von Hansen und Waldenfels dar. Hansen definiert Interkulturalität als die „Verständigung der Nationalkulturen untereinander, was ihr gegenseitiges Verstehen voraussetzt"[10].

---

[6] Vgl. Meyer, T., Stobbe, A. (2007), S. 82.
[7] Vgl. Dressler, S. (2007), S. 125.
[8] Vgl. Schmidt, B. (2009), S. 147.
[9] Vgl. Lei, D., Hitt, M. (1995), S. 836.
[10] Hansen, K. P. (2011), S. 179.

Waldenfels bezeichnet Interkulturalität als Zwischensphäre die als Grenzlandschaft zwischen der eigenen und der fremden Kultur verstanden werden kann.[11]

Diese beiden Definitionen in Kombination geben das wieder, was im Kontext von Offshoring einerseits von Nöten ist, die Verständigung von Nationalkulturen untereinander und andererseits das Gebiet auf dem man sich begegnet, der Grenzlandschaft zwischen zwei sich fremden Kulturen.

---

[11] Vgl. Waldenfels, B. (2000), S. 245f.

3. Kultur Modelle

Kultur Modelle versuchen anhand verschiedener Bewertungskriterien Länder bzw. Kulturen hinsichtlich unterschiedlicher Denkmuster die kulturell bedingt sind zu bewerten, damit diese anschließend verglichen werden können. Dabei kommen Aspekte aus den Bereichen Soziologie, Psychologie, Kulturwissenschaft und Kulturanthropologie zum tragen.[12]

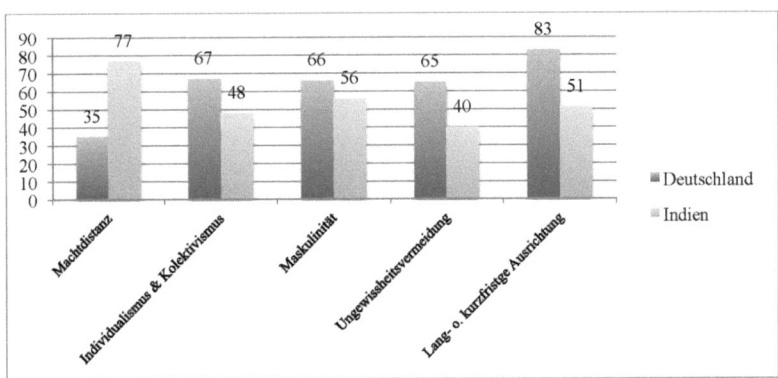

In Anlehnung an: Hofstede, G. (o.J.) o.S..; Hofstede, G. (o.J. a) o.S..

ABBILDUNG 1: Beispiel Kultur Modell Hofstedes 5 Dimensionen

Laut einer Untersuchung von Rothlauf wird dabei in der Praxis primär auf die Modelle von Hall, Hofstede sowie Trompenaars gesetzt. Wobei an weiteren bekannten Ansätzen noch der von Schwartz sowie der von Globe Study zu nennen wären.[13] Im Folgenden findet sich eine kurze Vorstellung der drei Modelle:

---

[12] Vgl. Lüsebrink, H. (2013), S. 288.
[13] Vgl. Rothlauf H. (2012), S. 70.

3.1. Hofstedes 5 Dimensionen Modell

Hofstede bezeichnet Kulturen als kollektive Programmierung des Gehirns, welche zwischen den Mitgliedern einer Kategorie von Menschen und denen anderer Kategorien unterscheidet.[14] Diese verinnerlichten Denkmuster bezeichnet Hofstede als mentale Programme.[15] Basierend auf diesen Theorien entwickelte er auf der Datenbasis eine Befragung von 116.000 IBM Mitarbeitern aus 40 Ländern Profile für 53 Länder mit jeweils fünf Dimensionen. Die grundsätzliche Idee ist, dass je ähnlicher die Ausprägungen, desto leichter sollte sich die Zusammenarbeit zwischen Personen aus den beiden Kulturkreisen gestalten bzw. desto einfacher gestaltet sich eine Entsendung in das andere Land.[16]

2010 ergänzte Hofstede sein Modell um die sechste Dimension Nachgiebigkeit und Beherrschung, es wird sich in der folgenden Darstellung allerdings am nach wie vor verbreiteteren fünf Dimensionen Modell orientiert.

Dimension	Erklärung / Ausprägung
Machtdistanz	Maß dafür bis zu welchem Grad weniger mächtige Mitglieder oder Organisationen erwarten und akzeptieren das Macht ungleich verteilt ist[17]
Individualismus und Kollektivismus	In individualistische Gesellschaften wird erwartet das jeder auf sich selbst achtet, wohingegen kollektivistische Gesellschaften in festen Gruppen organisiert sind[18]
Maskulinität und Femininität	Zu welchem Grad werden typisch maskuline Werte wie Aggressivität oder Durchsetzungsvermögen hervorgehoben[19]
Ungewissheitsvermeidung	Welcher Grad von Ungewissheit wird akzeptiert[20]
Lang- oder kurzfristige Ausrichtung	Schnelle Erzielung von Ergebnissen bzw. ausdauernd, somit nicht nachlassende Anstrengung beim Erreichen von Ergebnissen[21]

Eigene Darstellung

TABELLE 2: Hofstedes 5 Dimensionen Modell

---

[14] Vgl. Hofstede, G. (1984), S. 21.
[15] Vgl. Göpferich, S. (1998), S. 295.
[16] Vgl. Rupprecht, H. (2007), S. 33.
[17] Vgl. Hofstede, G., Hofstede G. J. (2011), S. 59.
[18] Vgl. Hofstede, G., Hofstede G. J. (2011), S. 306f.
[19] Vgl. Neelankavil, J. P., Rai, A. (2009), S. 52.
[20] Vgl. Neelankavil, J. P., Rai, A. (2009), S. 52.
[21] Vgl. Jegelka, S. (2010), S. 74.

Laut Rothlauf muss dabei bedacht werden das die Gesamte Erhebung innerhalb von IBM stattfand. IBM besitzt eine sehr ausgeprägte Firmenkultur, die mit einer gewissen Uniformität der Mitarbeiter einhergeht. Des Weiteren sind die bei der Untersuchung gestellten Fragen rein aus westlicher Sichtweise formuliert worden. Demnach ist unbekannt, welche Ergebnisse erzielt worden wären, wenn die Fragen beispielsweise von Indern erstellt worden wären, was sich letztlich in der selektiven Auswahl der Dimensionen niederschlägt.[22]

---

[22] Vgl. Rothlauf, J. (2012), S. 48.

3.2. Halls 4 Dimensionen Modell

Halls Modell setzt sich mit anthropologischen Ansätzen auseinander und versucht mit seinen vier Dimensionen Grundlagen des menschlichen Zusammenlebens wiederzugeben für die jede Gesellschaft gewisse Standards schaffen muss.[23] Im Gegensatz zu den anderen beiden vorgestellten Ansätzen ist Halls Modell ursprünglich nicht als ein ganzheitlicher Ansatz entwickelt worden. Die Dimensionen leiten sich vielmehr aus Publikationen Halls ab, die sich von den 1960er Jahren bis in die 1990er Jahre erstrecken.

Dimension	Erklärung / Ausprägung
Kommunikation (Hoher / niedriger Kontext)	Atmosphäre und nonverbale Signale sind wesentliche Bestandteile der Kommunikation / Explizite sprachliche Darstellung der Information[24]
Raumverständnis	Distanzzone zwischen Personen, es wird zwischen der intimen Distanzzone in unmittelbarer Nähe der Person und dem Territorium unterschieden das eine soziale Distanzzone darstellt[25]
Zeit (Monchrone / polychrone Zeitauffassung)	Zeit wird als Abfolge von Vergangenheit, Gegenwart und Zukunft linear wahrgenommen / Zeit wird in Überlappungen von Zeitabschnitten wahrgenommen[26]
Informationsgeschwindigkeit	Schnell verarbeitbare, weniger aussagekräftige Informationen werden bevorzugt / langsamer verarbeitbare, aussagekräftigere Informationen werden bevorzugt

Eigne Darstellung

TABELLE 3: Halls 4 Dimensionen Modell

Bereits Hall selbst schränkt dabei ein, dass neben den kulturellen Eigenschaften Menschen individuell betrachtet werden müssen. Des Weiteren dürfen die Dimensionen nicht isoliert betrachtet werden, bestimmte Gewichtungen von Dimensionen gehen oft mit bestimmten Gewichtungen von anderen Dimensionen einher.[27]

---

[23] Vgl. Thomas, A. et al. (2003), S. 63.
[24] Vgl. Thomas, A. et al. (2003), S. 64.
[25] Vgl. Hall, E. T. (1990), S. 11.
[26] Vgl. Thomas, A. et al. (2003), S. 63.
[27] Vgl. Rothlauf, J. (2012), S. 42.

3.3. Trompenaars 7 Dimensionen Modell

1993 führte Trompenaars eine Untersuchung durch bei der er 15.000 Führungskräfte aus 47 Ländern hinsichtlich der Bedeutung von Kultur für die Unternehmensführung befragte, basierend darauf entwickelte er ein Modell das 55 Länder umfasst und diese mittels sieben Dimensionen bewertet.[28, 29]

Dimension	Erklärung / Ausprägung
Universalismus / Partikularismus	Befolgung von Regeln hat höhere Priorität als menschliche Beziehungen / Spezifische Situation und persönliche Umstände entscheidend
Affektivität / Neutralität	Emotionen im Geschäftsleben möglich / Rationalität & Disziplin
Diffusität / Spezifität	Vermischung von Privat- und Geschäftsleben / Trennung von Privat- und Geschäftsleben
Zugeschriebener / erreichter Status	Status durch Zugehörigkeit, Herkunft oder Alter / Durch eigene Leistung
Sequentielles / synchrones Zeitverständnis	Zeit wird als Abfolge von Vergangenheit, Gegenwart und Zukunft linear wahrgenommen / Zeit wird in Überlappungen von Zeitabschnitten wahrgenommen
Kontrolle über die Natur / Unterwerfung der Natur	Wird die Natur als etwas kontrollierbares angesehen oder unterwirft man sich den Naturgegebenheiten
Individualismus / Kollektivismus	Herrscht Individualismus oder Kollektivismus vor, beide Tendenzen sind innerhalb eines Landes möglich

Eigene Darstellung

TABELLE 4: Trompenaars 7 Dimensionen Modell

Kritisiert könnte die Tatsache werden, dass bedingt durch die Befragung von Führungskräften bereits eine Vorauswahl stattfand, deren Population somit bereits ein gewisses Bewusstsein für das Thema entwickelt hatte. Zudem ist unklar wie die Dimensionen definiert wurden.[30]

---

[28] Vgl. Ahlstrom, D., Bruton, G. D. (2009), S. 56.
[29] Vgl. Vieregg, S. (2009), S. 54.
[30] Vgl. Rothlauf, J. (2012), S. 59.

10

4. Fallbeispiel asiatische Kulturen (China & Indien) & IT Dienstleistungen

Hammes, Schuhmann et al. führten im Zuge einer explorativen Untersuchung die unter dem Titel „Lösungsansätze für Herausforderungen interkultureller Zusammenarbeit am Beispiel des Offshorings von IT-Dienstleistungen" veröffentlicht wurde halbstandartisierte Interviews mit Mitarbeitern von HP Deutschland und SAP Deutschland durch, die über Erfahrung in der Zusammenarbeit mit Chinesen und Indern hinsichtlich Outsourcing bzw. Offshoring von IT Dienstleistungen verfügen. Die Gruppe setzte sich aus 13 Männern und Frauen zusammen, wovon zwei Personen nicht deutscher Herkunft waren. [31] Dabei konnten Erkenntnisse hinsichtlich Kommunikationsproblemen, kulturellen Eigenarten auf beiden Seiten sowie möglichen Lösungsansätzen gewonnen werden.

Das Beispiel soll einerseits aufzeigen wie sich in der Praxis (inter)-kulturelle Herausforderungen darstellen. Andererseits verweisen Hammes, Schumann et al. in Ihrer Untersuchung auch auf Kultur Modelle ohne jedoch explizit Ihre Ergebnisse direkt einem oder mehreren Kultur Modellen vollständig gegenüberzustellen. Es wird daher versucht an dieser Stelle den Brückenschlag von der Theorie der Kultur Modelle zur Praxis herzustellen, indem die gewonnen Erkenntnisse den Dimensionen der drei Modelle zugeordnet und diskutiert werden. Im Falle das kein direkter Bezug möglich ist, werden die Aussagen der Studie ergänzend herangezogen.

Auf die Kommunikationsprobleme die auf die Verwendung von Fremdsprachen zurückzuführen ist, wird im Zuge dieser Arbeit nicht näher eingegangen, da es sich nicht um ein interkulturelles Problem handelt, siehe auch Tabelle 1 Attraktivitätskriterien Offshoring. Die im Zuge der Untersuchung gewonnen Erkenntnisse zur Verbesserung der interkulturellen Zusammenarbeit fließen in Kapitel Fünf ein.

---

[31] Vgl. Hammes, D., Schuhmann, J. H., et al. (2009), S. 11.

4.1. Kulturelle Eigenarten auf asiatischer Seite

Die folgende Tabelle gibt einen kurzen Überblick über die gewonnen Ergebnisse:

Kulturelle Eigenarten auf asiatischer Seite[32]	
Gesichtswahrung	• Eingeständnis von Unwissenheit fällt der asiatischen Seite schwer, es wird als unangenehm und entwürdigen empfunden während Deutsche direktes Feedback über Unwissen erwarten • Asiaten kommunizieren sehr viel indirekter, gerade bei nicht persönlicher Kommunikation sind indirekte Äußerungen schwer auszumachen da nicht aus Mimik etc. gelesen werden kann • Aus deutscher Sicht fehlende Rückmeldung führt zu Vertrauensverlust
Hierarchieakzeptanz	• Zusammenarbeit über Hierarchiestufen hinweg ist problematisch • Frauen werden oft nicht auf gleicher oder höherer Ebene akzeptiert • Es werden genaueste Angaben von Vorgesetzten erwartet • Vorgesetzte haben eine viel weitergehende Fürsorgepflicht bis in das Private hinein
Eigeninitiative	• Keine Eigeninitiative, genaue Vorgaben und Kontrolle wird erwartet • Eigeninitiative und das Anwenden einer besseren Herangehensweise könnte als Kritik am oder Bloßstellung des Vorgesetzten verstanden werden
Zeitverständnis	• Pünktlichkeit besitzt keine so hohe Priorität wie in Deutschland • Zeitvorgaben werden ohne Angaben von Gründen gerissen, weil man die Gegenseite nicht mit den Ursachen belasten möchte, was Vertrauen auf Deutsche Seite zerstört

Eigene Darstellung

TABELLE 5: Kulturelle Eigenarten auf asiatischer Seite

4.1.1. Gesichtswahrung

Das Phänomen der Gesichtswahrung hat laut Redding einen besonders starken Einfluss auf den alltäglichen Umgang in Asien, wird jedoch in den vorgestellten Kultur Modellen nicht explizit als eigene Dimension aufgeführt.[33] Kann jedoch im weitesten Sinne der Kommunikations Dimension von Hall zugesprochen werden. So muss eine verbale Äußerung des Gegenübers nicht zwangsläufig mit der durch Mimik oder sonstigen indirekten Kommunikationsmitteln übermittelt Botschaft übereinstimmen.

---

[32] Vgl. Hammes, D., Schuhmann, J. H., et al. (2009), S. 14ff.
[33] Vgl. Redding, S. G. (1993), S. 63.

Damit einhergehen gehen oft Handlungen, die es beiden Seiten ermöglichen sollen, die eigene Würde zu wahren.[34] Die indirekte Kommunikation und damit für das deutsche Kommunikations-Empfinden fehlende Rückmeldung findet sich in Halls Kommunikations Dimension wieder.

4.1.2. Hirarchieakzeptanz und Eigeninitiative

Das stark hierarchisch geprägte Denken kann zum Teil mit Hofstedes Machtdistanz erklärt werden, so ist Widerspruch gegenüber höher gestellten Personen oder gar Kritik verpönt, was die Zusammenarbeit über unterschiedliche Stufen hinweg erschwert.[35] In diesem Zusammenhang spielt auch das Phänomen der Gesichts Wahrung wiederum eine Rolle. Dies trifft ebenso für die Eigeninitiative zu, die bei einem besseren Ergebnis als wenn nach Vorgabe gearbeitet worden wäre, den Vorgesetzten bloßstellen könnte.[36]

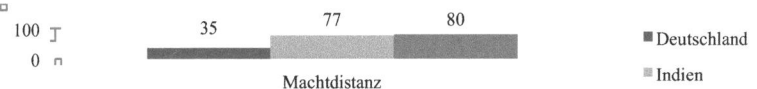

In Anlehnung an: Hofstede, G. (o.J.) o.S..; Hofstede, G. (o.J. a) o.S.; Hofstede G. (o.J. b) o.S..

ABBILDUNG 2: Ausprägung der Machtdistanz nach Hofstede für Deutschland, Indien und China

Die Erwartungshaltung hinsichtlich der Fürsorge durch den Arbeitgeber könnte anhand der Individualismus und Kollektivismus Dimension die sich sowohl bei Hofstede als auch Trompenaars wiederfindet erklärt werden. So ist der Individualismus in China bzw. Indien geringer ausgeprägt, was damit erklärt werden könnte, dass das persönliche Umfeld weiter bis in den Beruf hinein gefasst wird. Während Deutsche dazu in der Regel nur den engsten Familienkreis zählen würden. Somit kommt asiatischen Vorgesetzten oft eine ähnliche beratschlagende Rolle zu, wie der eines älteren Familienmitglieds.[37]

Allerdings widersprechen sich im Grad der Ausprägung hierbei die Ansätze von Hofstede und Trompenaars sichtlich. Hofstede bewertet Deutschland 67/100 als äußerst

---

[34] Vgl. Redding, S. G. (1993), S. 63.
[35] Vgl. Hammes, D., Schuhmann, J. H., et al. (2009), S. 17.
[36] Vgl. Hammes, D., Schuhmann, J. H., et al. (2009), S. 17.
[37] Vgl. Trompenaars, F. (1993), o.S..

13

individualistisch, er selbst bezeichnet Deutschland sogar als „truly individualistic one"[38] während er Indien mit 48/100 eher als durchschnittlich einstuft und China mit nur 20/100 als wenig individualistisch ansieht. Dahingegen ordnet Trompenaars Deutschland ebenfalls als stark kollektivistisch ausgeprägt ein. Damit könnte diese Interpretation eigentlich nur getroffen werden wenn Hofstedes Bewertung isoliert betrachtet wird.

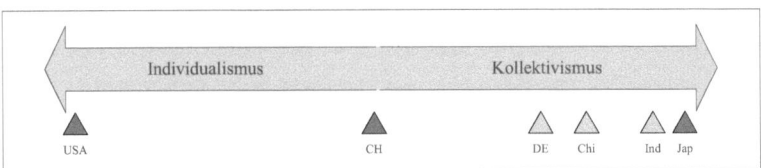

In Anlehnung an: Hodgetts, R. M., Luthans, F. (2003), S. 126.

ABBILDUNG 3: Trompenaars Invidiualismus / Kollektivismus's Dimension

Der problematische Umgang mit weiblichen gleichgestellten oder vorgesetzten Mitarbeitern kann explizit keinem der Ansätze zugordnet werden. Hammes, Schuhmann et al. schreiben dies dem traditionellen Rollenbild der Frau in der asiatischen Kultur zu.[39]

4.1.3. Zeitverständnis

Die erwähnten Probleme hinsichtlich des Zeitverständnisses finden sich in der Zeit Dimension von Hall bzw. in der Zeitverständnis Dimension von Trompenaars wieder und sind gerade zu Beispielhaft für das aufeinanderprallen von sequentiellen bzw. monchronen und synchronen bzw. polychronen Zeitverständnissen. Die Ursache dafür ist laut Hammes, Schuhmann et al. in einer weiteren asiatischen Besonderheit dem Gebot der Harmonie zu sehen, das darauf bedacht ist, das alle beteiligte ihre Würde bewahren, in diesem Beispiel also etwa die Ursachen für die Verzögerung nicht näher thematisiert werden, wenn dies etwa mit einem Gesichtsverlust einher gehen würde. Dies ist allerdings ebenfalls in keinem der Kultur Modelle abgebildet.[40, 41]

---

[38] Vgl. Hofstede, G. (o.J.), o.S.
[39] Vgl. Hammes, D., Schuhmann, J. H., et al. (2009), S. 6.
[40] Vgl. Hammes, D., Schuhmann, J. H., et al. (2009), S. 9ff.
[41] Vgl. Redding, S. G. (1993), S. 63.

14

4.2. Kulturelle Eigenarten auf deutscher Seite

Die folgende Tabelle gibt einen kurzen Überblick über die gewonnen Ergebnisse:

Kulturelle Eigenarten auf deutscher Seite[42,43]	
Ungeduld	• Hoher Zeit- und Kostendruck ruft Ungeduld hervor • Die Arbeitsweise der asiatischen Kollegen ist unbekannt • Dies führt zu aggressivem Auftreten gegenüber den asiatischen Kollegen was diese als Gesichtsverlust deuten
Direkte Ansprache von Problemen	• Direkte Ansprache von Problemen steht im Widerspruch zur kontextbezogenen Kommunikation der asiatischen Kulturen • Trennung von Privat- und Arbeitsleben sowie Fokussierung auf die Arbeit führte zu schlechter Arbeitsatmosphäre • Dominantes auftreten in Besprechungen mit dem Versuch die Inhalte und Abläufe zu bestimmen führt ebenfalls zu schlechter Arbeitsatmosphäre

Fehlende Offenheit	• Misstrauen gegenüber asiatischen Kollegen
	  o Die virtuelle Arbeitsumgebung wird als eine mögliche Hauptursache angesehen
	  o Onsite besuche verbesserten erheblich das Verständnis für die andere Kultur
	• Die Arbeitsleistung der Offshore Partner wurde in Frage gestellt auch im Hinblick auf den möglichen Verlust des eigenen Arbeitsplatzes
	  o Themen wurden als nicht transferierbar deklariert

Eigene Darstellung
TABELLE 6: Kulturelle Eigenarten auf deutscher Seite

4.2.1. Ungeduld

Hinsichtlich der vermuteten Ungeduld auf deutscher Seite kann anhand von Hofstedes Kultur Modell ein gewisser Rückschluss bezüglich der starken Ausprägung der Maskulinität und der damit verbundenen typischen Aggressivität und dem Wunsch sich durchzusetzen nachvollzogen werden. Wobei Indien und China hinsichtlich dieser Ausprägung jedoch Deutschland sehr ähnlich bzw. identisch bewertet wurden.

---

[42] Vgl. Hammes, D., Schuhmann, J. H., et al. (2009), S. 18f.
[43] Anzumerken ist das auch die Erkenntnisse über die deutsche Seite aus der Reflektion der befragten deutschen IT-Fachkräfte und der beiden nicht deutschen Studienteilnehmer gewonnen wurden vgl. Hammes, D., Schuhmann, J. H., et al. (2009), S. 18.

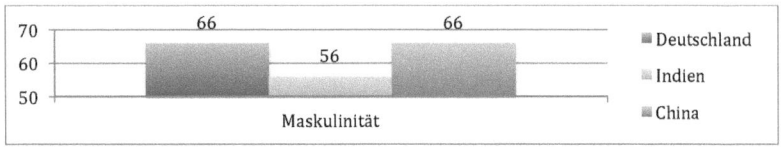

In Anlehnung an: Hofstede, G. (o.J.) o.S..; Hofstede, G. (o.J. a) o.S.; Hofstede G. (o.J. b) o.s..

ABBILDUNG 4: Ausprägung der Maskulinität nach Hofstede für Deutschland, Indien und China

Auch Halls Dimensionen Kommunikation und Zeit können so interpretiert werden, dass sich das deutsche Auftreten erklären lässt. So wird Deutschland als wenig Kontext bezogen angesehen, es muss als alles verbal zum Ausdruck gebracht werden. Des Weiteren wird Deutschland was das Zeitgefühl angeht als monchrones Land eingeordnet, was ebenfalls dafür spricht Themen zügig voranbringen zu wollen. Hinsichtlich zeitlicher Aspekte könnte ebenso mittels Trompenaars Dimension Zeitverständnis bzw. dem Gesichtsverlust argumentiert werden.

4.2.2. Direkte Ansprache von Problemen

Die direkte Ansprache von Problemen kann ebenfalls auf die Hallsiche Kommunikations Dimension zurückgeführt werden.

Die strikte Trennung von Privat- und Arbeitsleben findet zwar in Trompenaars Diffusität / Spezifität's Dimension wieder, dort sind allerdings alle drei Gesellschaften als diffus eingestuft, wobei Deutschland sogar die geringste Ausprägung besitzt was den hier beschriebenen Phänomenen widerspricht.

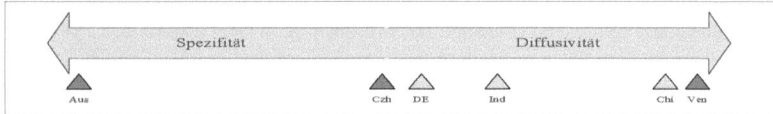

In Anlehnung an: Hodgetts, R. M., Luthans, F. (2003), S. 126.

ABBILDUNG 5: Trompenaars Diffusität / Spezifität's Dimension

Im Gegensatz dazu ergibt sich allerdings ein stimmiges Bild im Hinblick auf die stark maskuline Ausprägung der deutschen Kultur nach Hofstedes Maskulinitäts Dimension.Analog zu Kapitel 4.1.2. kann auch mit der Individualismus bzw. Individualismus und Kollektivismus Dimension argumentiert werden.

4.2.3. Fehlende Offenheit

Hinsichtlich der fehlenden Offenheit ist insbesondere ein Rückschluss auf die Ungewissheitsvermeidung von Hofstede möglich. Diese ist bei Deutschen wesentlich stärker ausgeprägt als bei den asiatischen Partnern. Ein mit Offshoring teilweise einhergehender Aufgabenverlust schürt Ängste in Richtung Arbeitsplatzverlust. Auch Trompenaars Dimension zugeschriebener / erreichter Status könnte dahingehend ausgelegt werden, dass bedingt durch den Transfer Verantwortungsbereiche wegfallen, was einem Machtverlust und damit einhergehenden Statusverlust nach sich zieht.

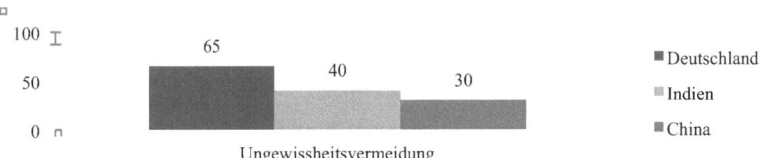

In Anlehnung an: Hofstede, G. (o.J.) o.S..; Hofstede, G. (o.J. a) o.S..; Hofstede G. (o.J. b) o.S..

ABBILDUNG 6: Ausprägung der Ungewissheitsvermeidung nach Hofstede für Deutschland, Indien und China

4.3. Fazit Fallbeispiel

Zusammenfassend lässt sich sagen, das ein Großteil der Äußerungen einen Rückschluss auf die Kulturmodelle zulässt, jedoch immer verschiedene Kultur Modelle herangezogen werden müssen, um bestimmte Aussagen wiederzufinden, also alle Kultur Modelle dieses übersichtliche Beispiel nicht vollkommen wiederspiegeln können. Des Weiteren lässt der Versuch der Gegenüberstellung die Vermutung zu, dass für unterschiedliche Kulturräume jeweils besondere Faktoren mit hinzugezogen werden müssen, die sich schlecht in einem allgemeingültigen Modell abbilden lassen wie in diesem Fall die Gesichtswahrung oder das Gebot der Harmonie.

5. Umgang mit (inter)-kulturellen Aspekten

Die folgenden Unterkapitel beinhalten praxiserprobte Herangehensweisen die die potentiellen Auswirkungen der (inter)-kulturell bedingten Probleme abmildern sollen:

5.1. Change Management

Unter Change Management wird im interkulturellen Kontext verstanden, dass die betroffenen Personen durch gezielte Schulungen über die Kultur des neuen Partners unterrichtet werden. Dies sollte auf beiden Seiten geschehen. Ziel ist es eine gewisse internationale Grundhaltung zu entwickeln.[44, 45]

5.2. Persönlicher Kontakt zum Vertrauensaufbau

Der Aufbau eines persönlichen Verhältnisses, soll eine Vertrauensbasis hinsichtlich der Personen und ihrer Leistungsfähigkeit schaffen. Zudem können Einblicke in die Arbeitsweisen der künftigen Kollegen gewonnen werden, die ein Stück weit für Verständnis hinsichtlich der andersartigen Herangehensweisen schaffen. Idealerweise geschieht dies durch Onsite Besuche zu Beginn der Zusammenarbeit.[46]

5.3. Einbindung von Koordinatoren

Als eine Variation zum Aufbau des persönlichen Kontakts wurde gegenüber Hammes, Schuhmann et al. in den Interviews wiederholt der Wunsch geäußert in Deutschland einen asiatischen Koordinator als Bindeglied sitzen zu haben, der über einen entsprechenden kulturellen Background verfügt.[47] Dieser Ansatz ist auch auf andere Kultur Kreis Kombinationen anwendbar.

Diese Stelle dürfte allerdings oft Aufgrund des Kostendrucks schwer realisierbar sein. Wie im Kapitel Eins erwähnt, werden Einsparungen beim Offshoring primär durch die im Vergleich niedrigeren Löhne erzielt. Eine solche Position ist jedoch mit merklichen Zusatzkosten verbunden.

---

[44] Vgl. Litke H. (2002), S. 383.
[45] Vgl. Amberg, M., Wiener, M. (2006), S. 179.
[46] Vgl. Hammes, D., Schuhmann, J. H., et al. (2009), S. 20f.
[47] Vgl. Hammes, D., Schuhmann, J. H., et al. (2009), S. 20.

5.4. Relationship Management

Cullen und Willcocks verstehen unter Relationship Management die Schaffung eines guten Mischverhältnissens zwischen einer hierarchischen und einer partnerschaftlichen Beziehung hinsichtlich der folgenden Ausrichtungen:[48]

	Hierarchie Beziehung	Partnerschaftliche Beziehung
Kommunikative Ausrichtung	Vordefiniert	Offen
Konfliktbezogene Ausrichtung	Schuld zuweisend	Gemeinschaftlich
Zeitliche Ausrichtung	Kurzfristig	Langfristig
Strategische Ausrichtung	Fokus auf Kosten	Fokus auf Qualität, Flexibilität etc.
Wertbezogene Ausrichtung	Unabhängig	Abhängig

In Anlehnung an Amberg, M., Wiener, M. (2006), S. 181..

TABELLE 7: Relationship Management – Hierarchie vs. partnerschaftliche Beziehung

Dabei gilt es harte und weiche Einflussfaktoren zu berücksichtigen:[49]

Verhalten	Werte und Einstellung
• Vertragsdokumente • Unternehmenskulturen	• Kommunikationsorientierung • Konfliktbewältigungsorientierung • Beziehungsorientierung • Strategieorientierung • Einstellungsorientierung • Werteorientierung

In Anlehnung an Cullen, S., Willcocks, L. (2003), S. 197..

TABELLE 8: Relationship Management – Verhalten & Werte und Einstellungen

Je nach dem ob sich die Werte eher dem einen oder dem anderen Extrem nähern wird sich die Zusammenarbeit erfolgreich entwickeln. Ein Indikator für das IT-Offshoring wäre beispielsweise ob die im Vertragswerk enthaltenen Service Level Agreements als Druckmittel eingesetzt werden oder nicht.[50]

---

[48] Vgl. Cullen, S., Willcocks, L. (2003), S. 195.
[49] Vgl. Amberg, M., Wiener, M. (2006), S. 181.
[50] Vgl. Amberg, M., Wiener, M. (2006), S. 181.

6. Fazit

Hofstede bezeichnet die Kultur als Denk-, Fühl- und Handlungsmuster die durch das soziale Umfeld erlernt wurden und nicht angeboren sind. Des Weiteren sollte Kultur und damit kulturelle Aspekte niemals isoliert betrachtet werden. Hofstede erwähnte dies zwar im Zusammenhang mit der Natur und der Persönlichkeit des Menschen. Wie aber bereits in Kapitel Eins angemerkt, ist Kultur und damit der kulturelle Aspekt auch ein Entscheidungskriterium bei der Wahl von Offshore Standorten das niemals als alleiniges Kriterium betrachtet werden sollte.[51]

Diese Arbeit konnte aufgrund Ihres Umfangs nur einen kleinen Ausschnitt der interkulturellen Aspekte die bei einem IT-Offshoring vorhaben bedacht werden müssen darstellen. Bereits Koboyashi-Hillary, Robinson und Kalakota, siehe Kapitel Eins, gehen davon aus, dass es acht verschiedene Auswahlkriterien für die Wahl eines Offshore Standortes gibt, was den sowieso schon kleinen Ausschnitt noch winziger wirken lässt.

Keines der vorgestellten Kultur Modelle war in der Lage alle Aspekte der herangezogenen Studie abzudecken. Man darf die Kultur Modelle nicht als gegebenen Tatsachen betrachten, sondern eher als Theorien die es immer wieder zu prüfen gilt. In diesem konkreten Fall trafen sie nicht vollständig zu bzw. waren nicht vollständig in der Lage die Erfahrungsberichte zu spiegeln, deswegen muss allerdings gemäß Duhem-These noch nicht die zugrundeliegende Theorie falsch sein. Trotzdem bieten sie einen guten Einstieg in das Thema.

Die vorgestellten Ansätze im Umgang mit (inter)-kulturellen Aspekten lassen sich wohl am besten damit zusammenfassen das ein gegenseitiges Vertrauensverhältnis und Verständnis für den jeweils anderen entwickelt werden muss. Letztlich gilt aber wie Hall bereits anmerkte, das jeder Mensch individuell betrachtet werden muss.[52]

---

[51] Vgl. Hofstede, G., Hofstede G. J. (2011), S. 4ff.
[52] Vgl. Rothlauf, J. (2012), S. 42.

7. Literaturverzeichnis

Amberg, M., Wiener, M. (2006): IT-Offshoring Management internationaler IT-Outsourcing Projekte, Heidelberg 2006

Ahlstrom, D., Bruton, G. D. (2009): International Management: Strategy and Culture in the Emerging World, Mason 2009

Cullen, S., Wilcocks, L. (2003): Intelligent IT Outsourcing: Eight building blocks to success, Oxford 2003

Dressler, S. (2007): Shared Services, Business Process Outsourcing und Offshoring: Die moderne Ausgestaltung des Back Office -Wege zu Kostensenkung und mehr Effizienz im Unternehmen, Wiesbaden 2007

Garner, C. A. (2004): Offshoring in the Service Sector: Economic Impact and Policy Issues, Kansas City 2004

Göpferich, S. (1998): Interkulturelles Techincal Writing, Tübingen 1998

Hammes, D., Schuhmann, J. H., Steinbach, A., von Wangenheim, F. (2009): Interkulturelle Problemfelder beim Offshoring von IT-Dienstleistungen nach China und Indien sowie Lösungsansätze aus der Unternehmenspraxis, in: Personal- und Organisationsentwicklung bei der Internationalsierung von industriellen Dienstleistungen, Hamburg 2009

Hackmann, J. (2013): IT-Outsourcing unter Druck, URL: http://www.computerwoche.de/a/it-outsourcing-unter-druck,2532536 Abruf am 08.07.2014

Hall, E.T. (1990): Understanding Cultural Differences, Yarmouth 1990

Hansen, K. P. (2011): Kultur und Kulturwissenschaft, Stuttgart 2011

Hodgetts, R. M., Luthans, F. (2003): International Management – Culture, Strategy and Behaivor, 5. Aufl. New York 2003

Hofstede, G. (1984): Culture's Consequences: International Differences in Work-Related Values (Cross Cultural Research and Methodology), New York 1984

Hofstede, G., Hofstede G. J. (2011): Lokales Denken, globales Handeln: Interkulturelle Zusammenarbeit und globales Management, 5. Aufl., München 2011

Hofstede, G. (o.J.) o.S. Germany – Geert Hofstede, URL: http://geert-hofstede.com/germany.html Abruf am 11.07.2014

Hofstede, G. (o.J. a) o.S. India – Geert Hofstede, URL: http://geert-hofstede.com/india.html Abruf am 11.07.2014

Hofstede, G. (o.J. b) o.S. China – Geert Hofstede, URL: http://geert-hofstede.com/china.html Abruf am 11.07.2014

Jegelka, S. (2010): Offshore Outsourcing und Produktion in China: Ein Wegweiser für den Mittelstand, Hamburg 2010

Kobayashi-Hillary, M. (2004). Outsourcing to India – The Offshore Advantage, Heidelberg 2004

Lei, D., Hitt, M. (1995): Strategic Restructuring and Outsourcing: The Effect of Mergers and Acquisitions and LBOs on Building Firm Skills and Capabilities in: Journal of Management, Jg. 21, Nr. 5, S. 835–859

Litke, H. D. (2002): Internationales Projektmanagement in: Krystek, U. (Hrsg.), Handbuch Internationalisierung. Globalisierung – eine Herausforderung für die Unternehmensführung, Berlin, S. 373-391

Lüsebrink, H. (2013): Civilisation allemande/Landes- Kulturwissenschaft Frankreichs: Bilan et perspectives dans l'enseignement et la recherche / Bilanz und Perspektiven in Lehre und Forschung, Villeneuve d'Ascq cedex 2013

Meyer, S., Stobbe, A. (2007): Welche Standorte wählen deutsche Unternehmen? in: Wirtschaftsinformatik, o.J., Nr. 49, S. 81-89

Neelankavil, J. P., Rai, A. (2009): Basics of International Business, Armonk New York 2009

Overby, S. (2003): The hidden costs of offshore outsourcing, in: CIO Magazine, o.J., 2003, o.S.

Redding, S. G. (1993): The Spirit of Chinese Capitalism, New York 1993

Robinson, M., Kalakota, R. (2004): Offshore Outsourcing: Business Models, Roi and Best Practices, 2. Aufl., Georgia 2004

Rothlauf, J. (2012): Interkulturelles Management – Mit Beispielen aus Vietnam, China, Japan, Russland und den Golfstaten, 4. Aufl., Oldenburg 2012

Rupprecht, H. (2007): Expatriate Management – Sprachliche und Interkulturelle Vorbereitung auf den Auslandseinsatz, Hamburg 2007

Schmidt, B. (2009): Wettbewerbsvorteile SAP-Outsourcing durch Wissensmanagement: Methoden zur effizienten Gestaltung des Übergangs im Application Management, Berlin 2009

Thomas, A. et al. (2003): Handbuch Interkulturelle Kommunikation und Kooperation Band 1: Grundlagen und Praxisfelder, Göttingen 2003

Trompenaars, F. (1993): Handbuch Globales Management, Berlin 1993

Vieregg, S. (2009): Kulturelle Faktoren in der internationalen Geschäftsentwicklung, Wiesbaden 2009

Waldenfels, B. (2000): Zwischen den Kulturen in: Wierlacher, A. (Hrsg.), Jahrbuch Deutsch als Fremdsprache, Bd. 26, München 2000, S. 245-261